Impressum
Verlag: BABADADA GmbH, Nedderfeld 112 , 22529 Hamburg
Geschäftsführer / Verlagsleitung: Harald Hof
Druck: Books on Demand GmbH, In de Tarpen 42, 22848 Norderstedt

Imprint
Publisher: BABADADA GmbH, Nedderfeld 112 , 22529 Hamburg, Germany
Managing Director / Publishing direction: Harald Hof
Print: Books on Demand GmbH, In de Tarpen 42, 22848 Norderstedt

la escuela

σχολείο

el salón de clases
σχολική τάξη

dividir
διαιρώ

186/2

el pizarrón
πίνακας

el patio
σχολική αυλή

el maestro
δάσκαλος

el papel
χαρτί

escribir
γράφω

el bolígrafo
στυλό

el escritorio
γραφείο

la regla
χάρακας

el libro
βιβλίο

el alumno
μαθητής

la mochila

σχολική τσάντα

la caja de lápices

κασετίνα/ μολυβοθήκη

el lápiz

μολύβι

el sacapuntas

ξύστρα

la goma de borrar

γόμα

el bloc de dibujo

μπλοκ ζωγραφικής

el dibujo

ζωγραφική

el pincel

πινέλο

la caja de lápices de color

κουτί χρωμάτων

las tijeras

ψαλίδι

el pegamento

κόλλα

el libro de ejercicios

τετράδιο ασκήσεων

la tarea

εργασία για το σπίτι

12

el número

αριθμός

2+2

sumar

προσθέτω

5-2

restar

αφαιρώ

2×2

multiplicar

πολλαπλασιάζω

calcular

υπολογίζω

A

la letra

γράμμα

ABCDEFG HIJKLMN OPQRSTU VWXYZ

el alfabeto

αλφάβητο

hello

la palabra

λέξη

el texto

κείμενο

leer

διαβάζω

la tiza

κιμωλία

la lección

μάθημα

el cuaderno de clase

εγγράφομαι

el examen

τεστ

el certificado

πιστοποιητικό

el uniforme

μαθητική στολή

la educación

εκπαίδευση

la enciclopedia

εγκυκλοπαίδεια

la universidad

πανεπιστήμιο

el microscopio

μικροσκόπιο

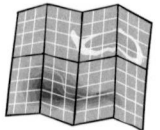

el mapa

χάρτης

el bote de basura

καλάθι αχρήστων

el viaje
ταξίδι

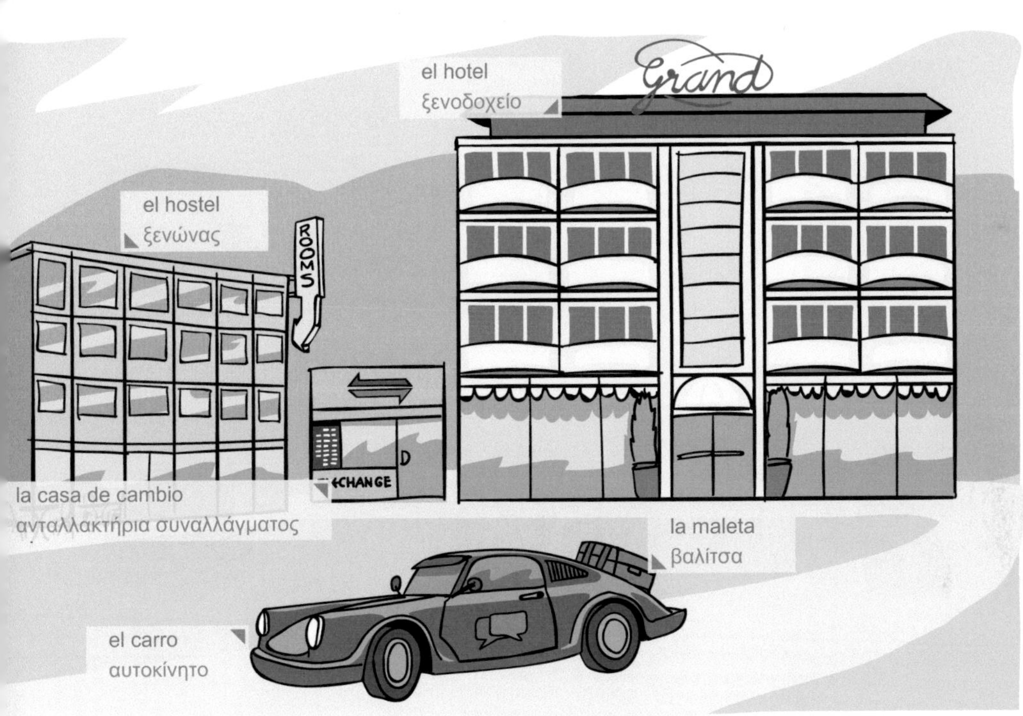
el hotel
ξενοδοχείο
Grand
el hostel
ξενώνας
ROOMS
EXCHANGE
la casa de cambio
ανταλλακτήρια συναλλάγματος
la maleta
βαλίτσα
el carro
αυτοκίνητο

el idioma
γλώσσα

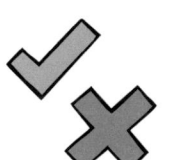

sí / no
ναι / όχι

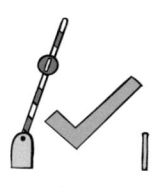

Órale
ενιάξει

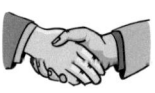

hola
γεια σου

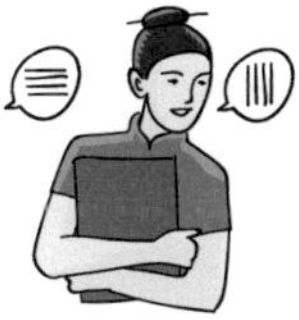

el traductor
μεταφραστής

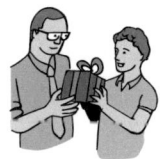

Gracias
Ευχαριστώ

¿cuánto cuesta…?

πόσο κάνει ;

No entiendo

Δε καταλαβαίνω

el problema

πρόβλημα

¡Buenas tardes!

Καλησπέρα!

¡Buenos días!

Καλημέρα!

¡Buenas noches!

Καληνύχτα!

adiós

Αντίο

la dirección

κατεύθυνση

el equipaje

αποσκευές

la bolsa

τσάντα

la mochila

σακίδιο πλάτης

el invitado

καλεσμένος

la recámara

δωμάτιο

la bolsa de dormir

υπνόσακος

la tienda de campaña

σκηνή

la información turística

τουριστικές πληροφορίες

la playa

παραλία

la tarjeta de crédito

πιστωτική κάρτα

el desayuno

πρωινό

el almuerzo

μεσημεριανό

la cena

δείπνο

el billete

εισιτήριο

el ascensor

ανελκυστήρας

el sello

γραμματόσημο

la frontera

σύνορα

la aduana

τελωνείο

la embajada

πρεσβεία

la visa

βίζα

el pasaporte

διαβατήριο

el transporte
μεταφορά

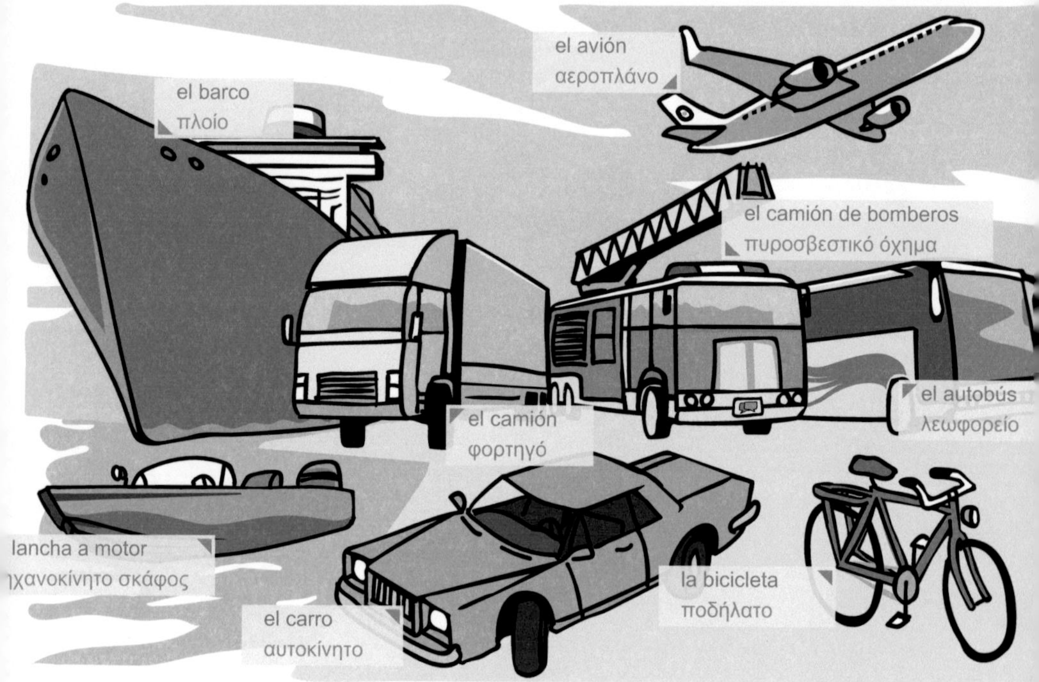
el avión
αεροπλάνο
el barco
πλοίο
el camión de bomberos
πυροσβεστικό όχημα
el autobús
λεωφορείο
el camión
φορτηγό
lancha a motor
ηχανοκίνητο σκάφος
la bicicleta
ποδήλατο
el carro
αυτοκίνητο

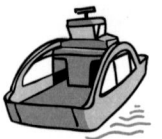

el ferry

φεριμπότ

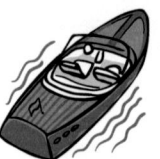

el bote

βάρκα

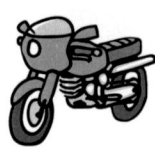

la motocicleta

μοτοσικλέτα

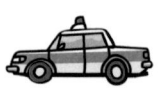

la patrulla

περιπολικό

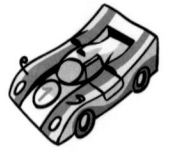

el coche de carreras

αγωνιστικό αυτοκίνητο

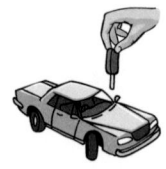

el auto para rentar

ενοικιαζόμενο αυτοκίνητο

la renta de autos

ιαμοιρασμός αυτοκινήτων

la grúa

γερανός

el camión recolector de basura

απορριμματοφόρο

el motor

κινητήρας

la gasolina

καύσιμο

la gasolinera

βενζινάδικο

la señal de tráfico

πινακίδα σήμανσης

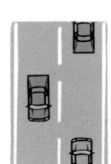

el tránsito

κυκλοφορία

el embotellamiento

κυκλοφοριακή συμφόρηση

el aparcamiento

χώρος στάθμευσης

la estación de tren

σιδηροδρομικός σταθμός

las vías

σιδηροδρομικές γραμμές

el tren

τρένο

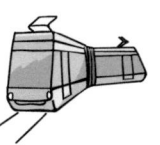

el tranvía

τραμ

el vagón

βαγόνι

el helicóptero

ελικόπτερο

el aeropuerto

αεροδρόμιο

la torre

πύργος

el pasajero

επιβάτης

el contenedor

εμπορευματοκιβώτιο

la caja de cartón

χαρτοκιβώτιο

la carretilla

καρότσι

la cesta

καλάθι

despegar / aterrizar

απογειώνομαι /
προσγειόνομαι

la ciudad

πόλη

el pueblo

χωριό

el centro de la ciudad

κέντρο της πόλης

la casa

σπίτι

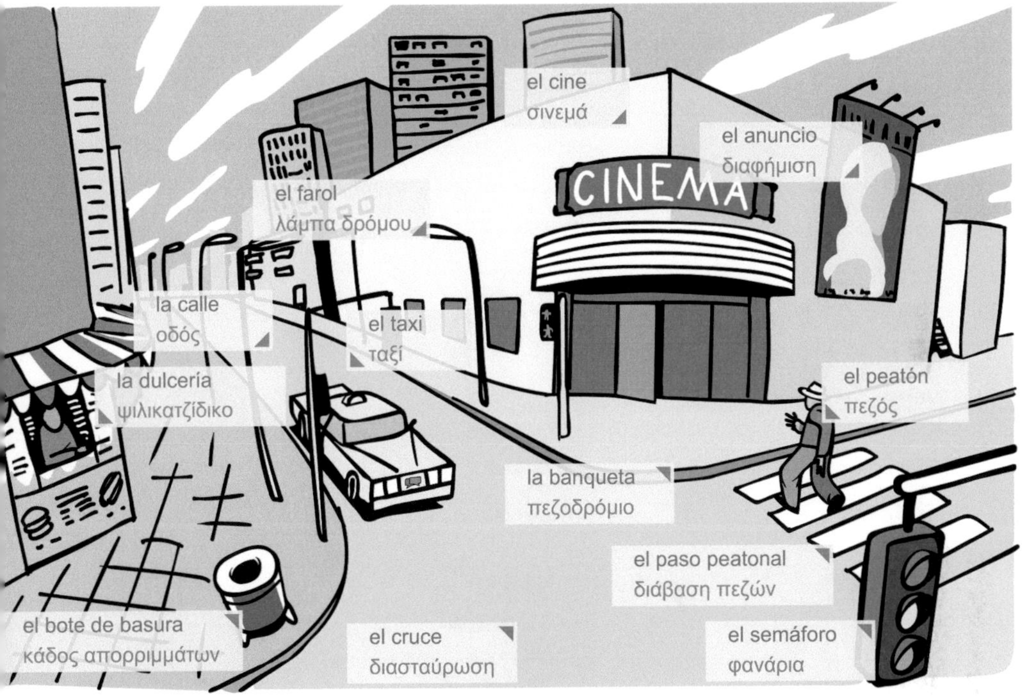

el cine
σινεμά

el anuncio
διαφήμιση

el farol
λάμπα δρόμου

CINEMA

la calle
οδός

el taxi
ταξί

la dulcería
ψιλικατζίδικο

el peatón
πεζός

la banqueta
πεζοδρόμιο

el paso peatonal
διάβαση πεζών

el bote de basura
κάδος απορριμμάτων

el cruce
διασταύρωση

el semáforo
φανάρια

la cabaña

καλύβα

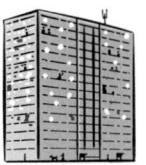

el apartamento

διαμέρισμα

la estación de tren

σιδηροδρομικός σταθμός

el ayuntamiento

δημαρχείο

el museo

μουσείο

la escuela

σχολείο

la universidad

πανεπιστήμιο

el banco

τράπεζα

el hospital

νοσοκομείο

el hotel

ξενοδοχείο

la farmacia

φαρμακείο

la oficina

γραφείο

la librería

βιβλιοπωλείο

la tienda

κατάστημα

la florería

ανθοπωλείο

el supermercado

σούπερ μάρκετ

el mercado

αγορά

las grandes tiendas

πολυκατάστημα

la pescadería

ιχθυοπωλείο

el centro comercial

εμπορικό κέντρο

el puerto

λιμάνι

el parque

πάρκο

el banco

παγκάκι

el puente

γέφυρα

las escaleras

σκάλες

el metro

μετρό

el túnel

τούνελ

la parada de autobús

στάση λεωφορείου

el bar

μπαρ

el restaurante

εστιατόριο

el buzón

γραμματοκιβώτιο

el letrero

πινακίδα δρόμου

el parquímetro

παρκόμετρο

el zoológico

ζωολογικός κήπος

la alberca

πισίνα

la mezquita

τζαμί

la granja

αγρόκτημα

la contaminación

ρύπανση

el cementerio

νεκροταφείο

la iglesia

εκκλησία

el área de niños

παιδική χαρά

el templo

ναός

el paisaje

τοπίο

la hoja
φύλλο

la señal
πινακίδα κατεύθυνσης

el camino
δρόμος

la pradera
λιβάδι

la piedra
πέτρα

el caminante
πεζοπόρος

el árbol
δέντρο

el río
ποτάμι

el pasto
χορτάρι

la flor
λουλούδι

el valle

κοιλάδα

la montaña

λόφος

el lago

λίμνη

el bosque

δάσος

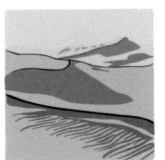

el desierto

έρημος

el volcán

ηφαίστειο

el castillo

κάστρο

el arco iris

ουράνιο τόξο

el champiñón

μανιτάρι

la palmera

φοίνικας

el mosquito

κουνούπι

la mosca

μύγα

la hormiga

μυρμήγκι

la abeja

μέλισσα

la araña

αράχνη

el escarabajo

σκαθάρι

la rana

βάτραχος

la ardilla

σκίουρος

el erizo

σκαντζόχοιρος

la liebre

λαγός

la lechuza

κουκουβάγια

el pájaro

πουλί

el cisne

κύκνος

el jabalí

αγριογούρουνο

el ciervo

ελάφι

el alce

άλκη

el embalse

φράγμα

la turbina eólica

ανεμογεννήτρια

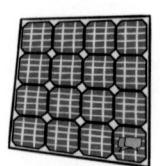

el panel solar

ηλιακός συλλέκτης

el clima

κλίμα

el restaurante

εστιατόριο

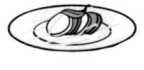

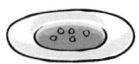

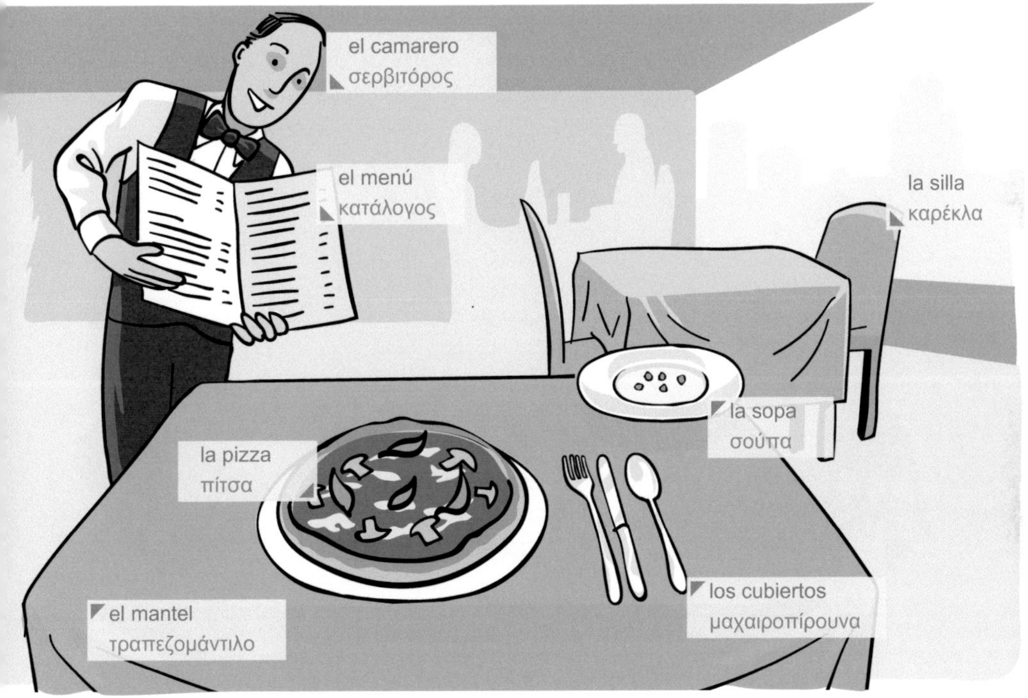

el camarero
σερβιτόρος
el menú
κατάλογος
la silla
καρέκλα
la sopa
σούπα
la pizza
πίτσα
los cubiertos
μαχαιροπίρουνα
el mantel
τραπεζομάντιλο

la entrada

ορεκτικό

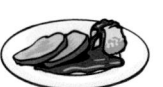

el plato fuerte

κύριο πιάτο

el postre

επιδόρπιο

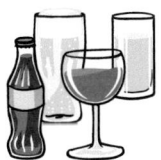

las bebidas

ποτά

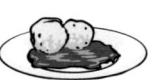

la comida

φαγητό

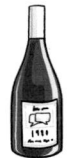

la botella

μπουκάλι

la comida rápida

φαστ φουντ

la comida de la calle

φαγητό στ' όρθιο

la tetera

τσαγιέρα

la azucarera

δοχείο ζάχαρης

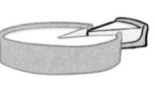

la porción

μερίδα

la cafetera espresso

μηχανή εσπρέσο

la periquera

ψηλή καρέκλα

la cuenta

λογαριασμός

la charola

δίσκος

el cuchillo

μαχαίρι

el tenedor

πιρούνι

la cuchara

κουτάλι

la cuchara de té

κουταλάκι του τσαγιού

la servilleta

πετσέτα φαγητού

el vaso

ποτήρι

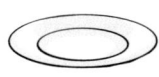

el plato

πιάτο

el plato hondo

πιάτο σούπας

el plato

πιατάκι φλιτζανιού

la salsa

σάλτσα

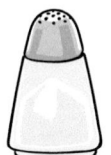

el salero

αλατιέρα

el molino para pimienta

μύλος για πιπέρι

el vinagre

ξύδι

el aceite

λάδι

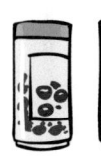 

las especias

μπαχαρικά

el kétchup

κέτσαπ

la mostaza

μουστάρδα

la mayonesa

μαγιονέζα

el supermercado
σούπερ μάρκετ

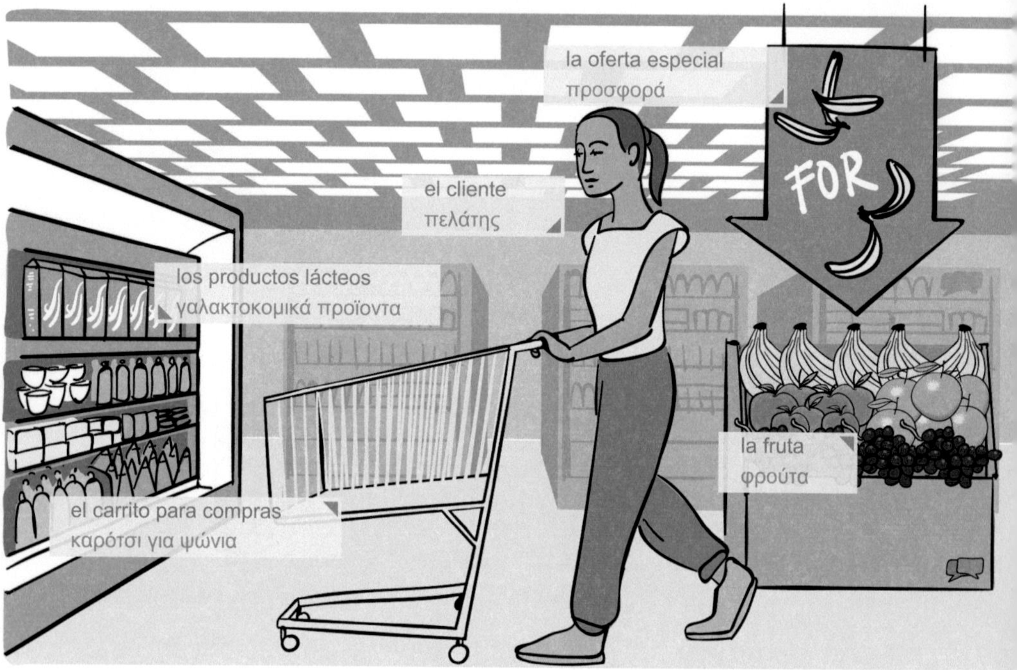

la oferta especial
προσφορά
FOR
el cliente
πελάτης
los productos lácteos
γαλακτοκομικά προϊόντα
la fruta
φρούτα
el carrito para compras
καρότσι για ψώνια

BUTCHERS

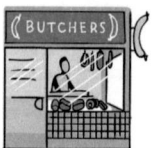

la carnicería

κρεοπωλείο

BAKERY

la panadería

φούρνος

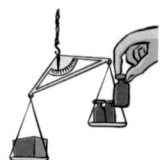

pesar

ζυγίζω

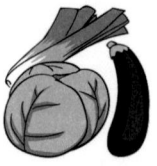

los vegetales

λαχανικά

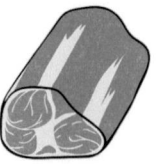

la carne

κρέας

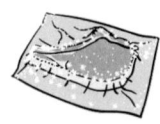

los alimentos congelados

κατεψυγμένα τρόφιμα

las carnes frías

αλλαντικά

los alimentos enlatados

κονσερβοποιημένη τροφή

el detergente en polvo

απορρυπαντικό ρούχων

los dulces

γλυκά

los electrodomésticos

οικιακά είδη

productos de limpieza

καθαριστικά προϊόντα

la vendedora

πωλήτρια

la caja

ταμείο

el cajero

ταμίας

la lista de compras

λίστα για ψώνια

el horario de atención al público

ωράριο λειτουργίας

la cartera

πορτοφόλι

la tarjeta de crédito

πιστωτική κάρτα

la bolsa

τσάντα

la bolsa de plástico

πλαστική σακούλα

el agua

νερό

el jugo

χυμός

la leche

γάλα

el refresco de cola

κόκα κόλα

el vino

κρασί

la cerveza

μπίρα

el alcohol

αλκοόλ

el cacao

κακάο

el té

τσάι

el café

καφές

el espresso

εσπρέσο

el cappuccino

καπουτσίνο

el plátano

μπανάνα

la manzana

μήλο

la naranja

πορτοκάλι

el melón

πεπόνι

el limón

λεμόνι

la zanahoria

καρότο

el ajo

σκόρδο

el bambú

μπαμπού

la cebolla

κρεμμύδι

el champiñón

μανιτάρι

las nueces

ξηροί καρποί

los fideos

νουντλς

los espaguetis

μακαρόνια

el arroz

ρύζι

la ensalada

σαλάτα

las patatas fritas

πατατάκια

las patatas fritas

τηγανητές πατάτες

la pizza

πίτσα

la hamburguesa

χάμπουργκερ

el emparedado

σάντουιτς

el filete

κοτολέτα

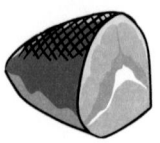

el jamón

ζαμπόν

el salami

σαλάμι

la salchicha

λουκάνικο

el pollo

κοτόπουλο

el asado

ψητό

el pescado

ψάρι

los copos de avena

χυλός βρώμης

el muesli

μούσλι

los copos de maíz

κορν φλέικς

la harina

αλεύρι

el cuernito

κρουασάν

el bolillo

ψωμάκι

el pan

ψωμί

la tostada

τοστ

las galletas

μπισκότα

la mantequilla

βούτυρο

la cuajada

τυρόπηγμα

el pastel

κέικ

el huevo

αυγό

el huevo frito

τηγανητό αυγό

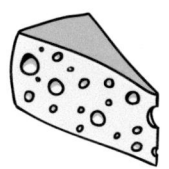

el queso

τυρί

el helado

παγωτό

el azúcar

ζάχαρη

la miel

μέλι

la mermelada

μαρμελάδα

la crema de chocolate

άλλειμμα σοκολάτας

el curry

κάρυ

la comida - φαγητό

la granja
αγρόκτημα

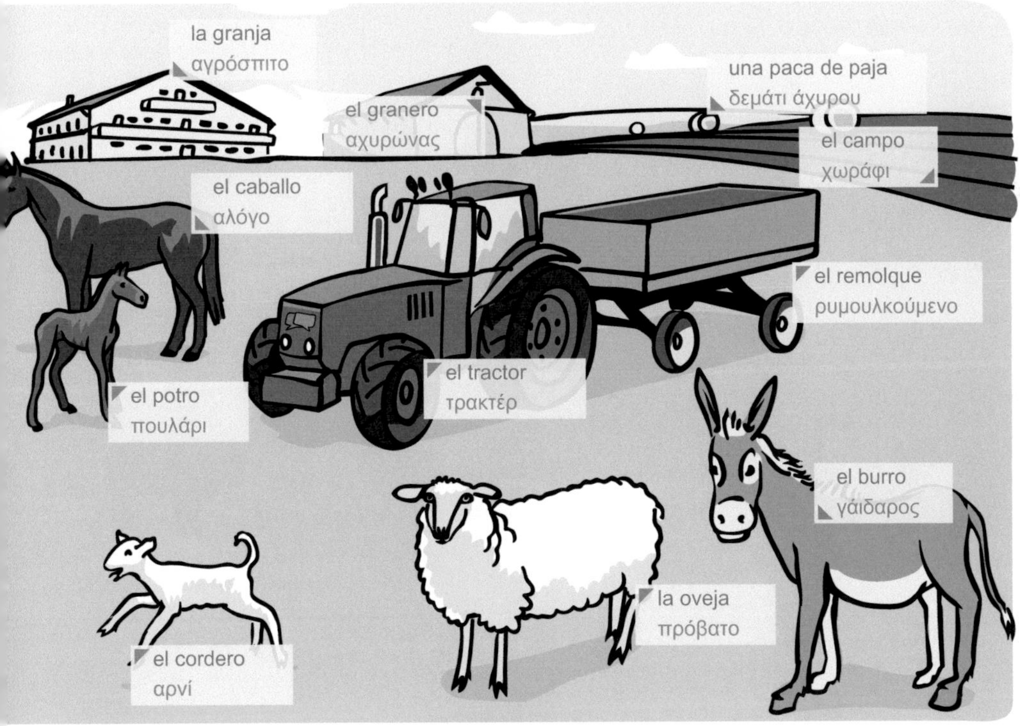
la granja
αγρόσπιτο
el granero
αχυρώνας
una paca de paja
δεμάτι άχυρου
el campo
χωράφι
el caballo
αλόγο
el remolque
ρυμουλκούμενο
el tractor
τρακτέρ
el potro
πουλάρι
el burro
γάιδαρος
la oveja
πρόβατο
el cordero
αρνί

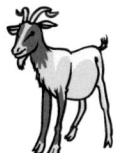

la cabra

κατσίκα

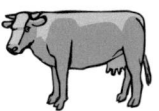

la vaca

αγελάδα

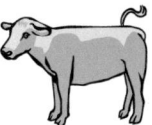

el ternero

μουχαράκι

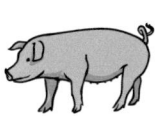

el cerdo

γουρούνι

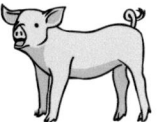

el lechón

γουρουνάκι

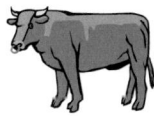

el toro

ταύρος

el ganso

χήνα

el pato

πάπια

el pollo

κοτοπουλάκι

la gallina

κότα

el gallo

κόκορας

la rata

αρουραίος

el gato

γάτα

el ratón

ποντίκι

el buey

βόδι

el perro

σκύλος

la casa del perro

σπιτάκι σκύλου

la manguera

λάστιχο κήπου

la regadera

ποτιστήρι

la guadaña

θεριστήρι

el arado

αλέτρι

la hoz

δρεπάνι

el azadón

τσάπα

la horquilla

δίκρανο

el hacha

τσεκούρι

la carretilla

χειράμαξα

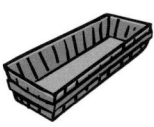

el bebedero

ταΐστρα

el bote de leche

δοχείο γάλακτος

el saco

σάκος

la valla

φράχτης

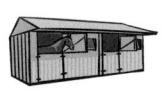

el establo

στάβλος

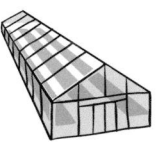

el invernadero

θερμοκήπιο

el suelo

έδαφος

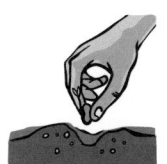

la semilla

σπόρος

el fertilizador

λίπασμα

la cosechadora

θεριζοαλωνιστική μηχανή

cosechar

θερίζω

la cosecha

συγκομιδή

el camote

γιαμς

el trigo

σιτάρι

la soja

σόγια

la patata

πατάτα

el maíz

καλαμπόκι

la semilla de colza

κράμβη

el árbol frutal

οπωροφόρο δέντρο

la mandioca

μανιόκα

las cereales

δημητριακά

la casa
σπίτι

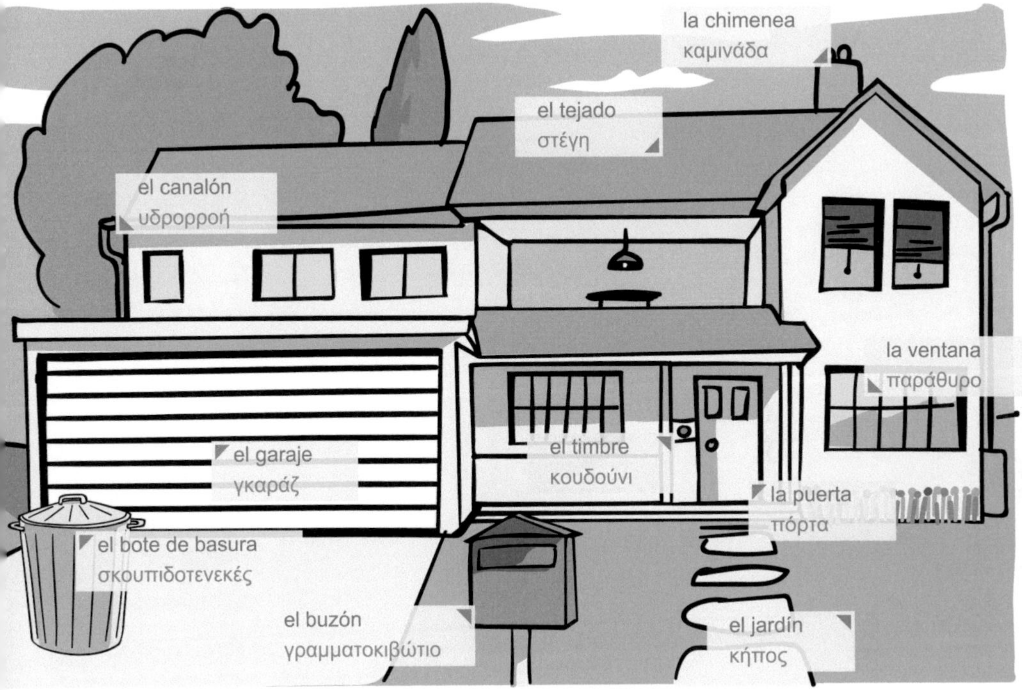
la chimenea
καμινάδα
el tejado
στέγη
el canalón
υδρορροή
la ventana
παράθυρο
el garaje
γκαράζ
el timbre
κουδούνι
la puerta
πόρτα
el bote de basura
σκουπιδοτενεκές
el buzón
γραμματοκιβώτιο
el jardín
κήπος

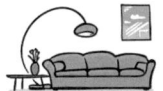

la estancia

σαλόνι

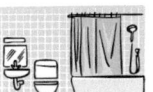

el baño

μπάνιο

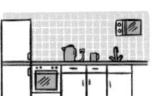

la cocina

κουζίνα

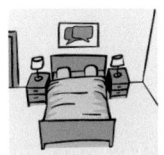

la recámara

υπνοδωμάτιο

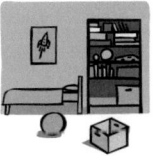

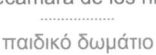

la recámara de los niños

παιδικό δωμάτιο

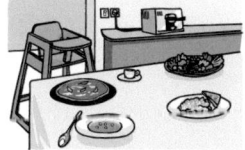

el comedor

τραπεζαρία

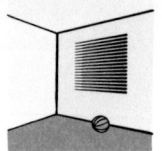

el suelo
πάτωμα

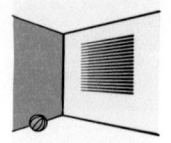

la pared
τοίχος

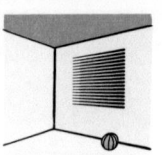

el techo
οροφή

el sótano
κελάρι

el sauna
σάουνα

el balcón
μπαλκόνι

la terraza
βεράντα

la alberca
πισίνα

el cortacésped
μηχανή του γκαζόν

la sábana
σεντόνι

la colcha
κάλυμμα κρεβατιού

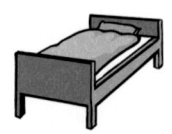

la cama
κρεβάτι

la escoba
σκούπα

el balde
κουβάς

el interruptor
διακόπτης

la estancia
σαλόνι

el papel para empapelar
ταπετσαρία
la imagen
φωτογραφία
la lámpara
λάμπα
el estante
ράφι
la alacena
ντουλάπι
la televisión
τηλεόραση
la chimenea
τζάκι
la flor
λουλούδι
el cojín
μαξιλάρι
el sofá
καναπές
el florero
βάζο
el control remoto
τηλεκοντρόλ

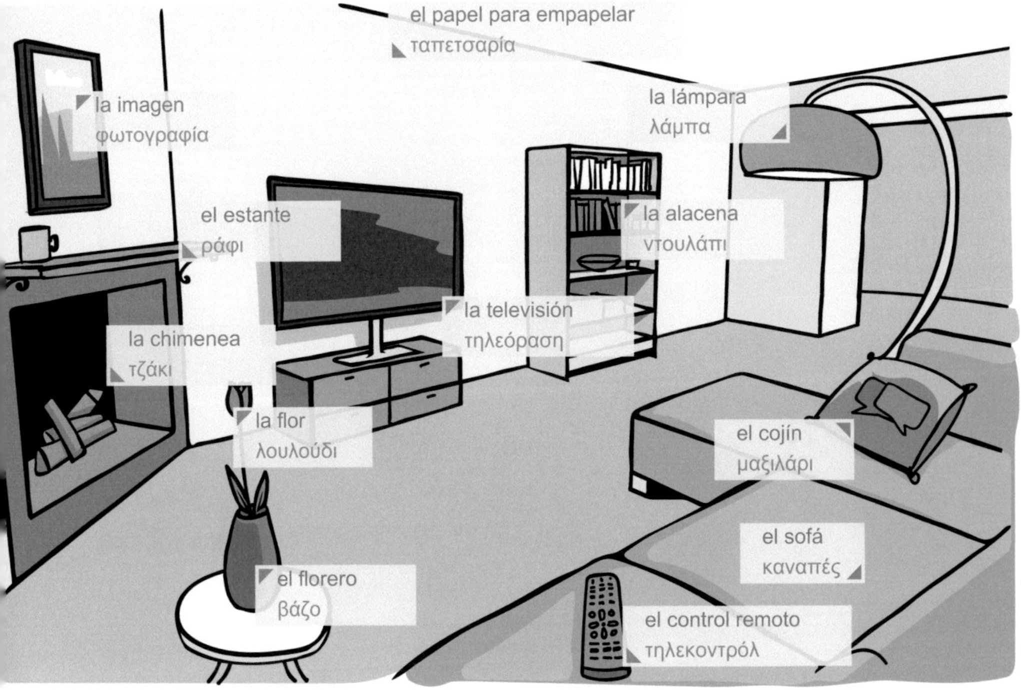

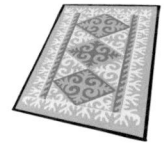

la alfombra

χαλί

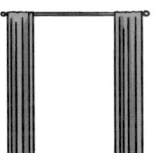

la cortina

κουρτίνα

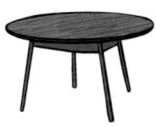

la mesa

τραπέζι

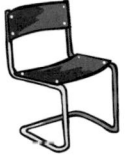

la silla

καρέκλα

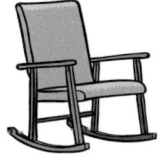

la mecedora

κουνιστή πολυθρόνα

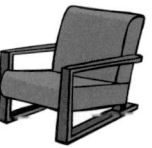

el sillón

πολυθρόνα

el libro

βιβλίο

la frazada

κουβέρτα

la decoración

διακόσμηση

la leña

καυσόξυλα

la película

ταινία

el equipo de música

στερεοφωνικό σύστημα

la llave

κλειδί

el periódico

εφημερίδα

la pintura

πίνακας ζωγραφικής

el póster

αφίσα

la radio

ραδιόφωνο

el cuaderno

σημειωματάριο

la aspiradora

ηλεκτρική σκούπα

el cactus

κάκτος

la vela

κερί

la cocina
κουζίνα

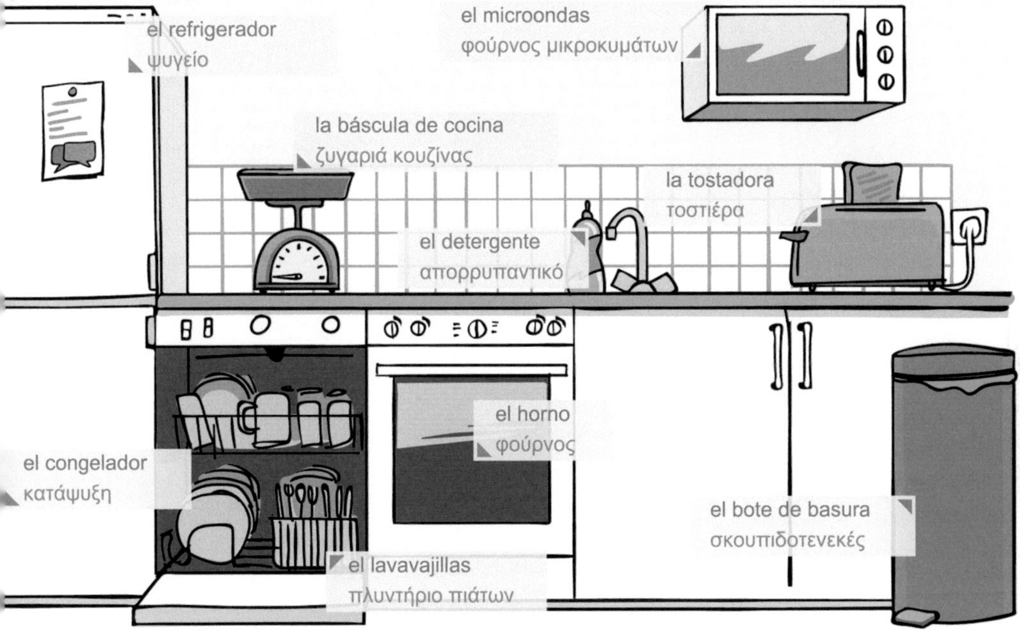
el refrigerador
ψυγείο
el microondas
φούρνος μικροκυμάτων
la báscula de cocina
ζυγαριά κουζίνας
la tostadora
τοστιέρα
el detergente
απορρυπαντικό
el horno
φούρνος
el congelador
κατάψυξη
el bote de basura
σκουπιδοτενεκές
el lavavajillas
πλυντήριο πιάτων

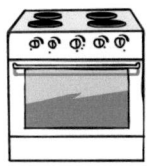

la olla a presión

κουζίνα

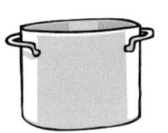

la olla

κατσαρόλα

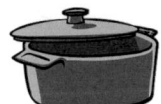

la olla de hierro fundido

μαντεμένια κατσαρόλα

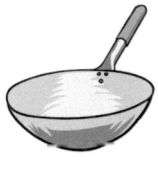

el wok

γουόκ/καντάι

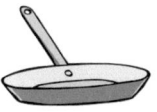

la sartén

τηγάνι

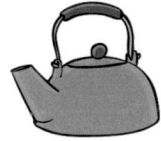

el hervidor

βραστήρας

la vaporera

ατμομάγειρας

la charola de horno

ταψί

la loza

πιατικά

la taza

κούπα

el bol

μπολ

los palillos

ξυλάκια

el cucharón

κουτάλα

la espátula

σπάτουλα

la batidora

ανακατεύω

el colador

σουρωτήρι

el colador

σουρωτηράκι

el rallador

τρίφτης

el mortero

γουδί

la barbacoa

ψησταριά

la fogata

ανοιχτή φωτιά

la tabla para picar

σανίδα κοπής

el rodillo para amasar

πλάστης

el sacacorchos

ανοιχτήρι φελλών

la lata

κονσέρβα

el abrelatas

ανοιχτήρι κονσέρβας

el guante de cocina

γάντι φούρνου

el fregadero

νεροχύτης

el cepillo

βούρτσα

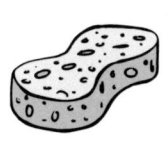

la esponja

σφουγγάρι

la batidora

μπλέντερ

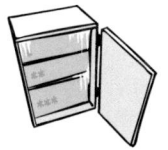

el congelador

καταψύκτης

el biberón

μπιμπερό

la llave

βρύση

el baño

μπάνιο

la ducha
ντους
la calefacción
θέρμανση
la toalla
πετσέτα
la cortina de la ducha
κουρτίνα ντουζ
el baño de espuma
αφρόλουτρο
la tina
μπανιέρα
el vaso
ποτήρι
la lavadora
πλυντήριο ρούχων
la llave
βρύση
las baldosas
πλακάκια
la bacinica
γιογιό
el fregadero
νεροχύτης

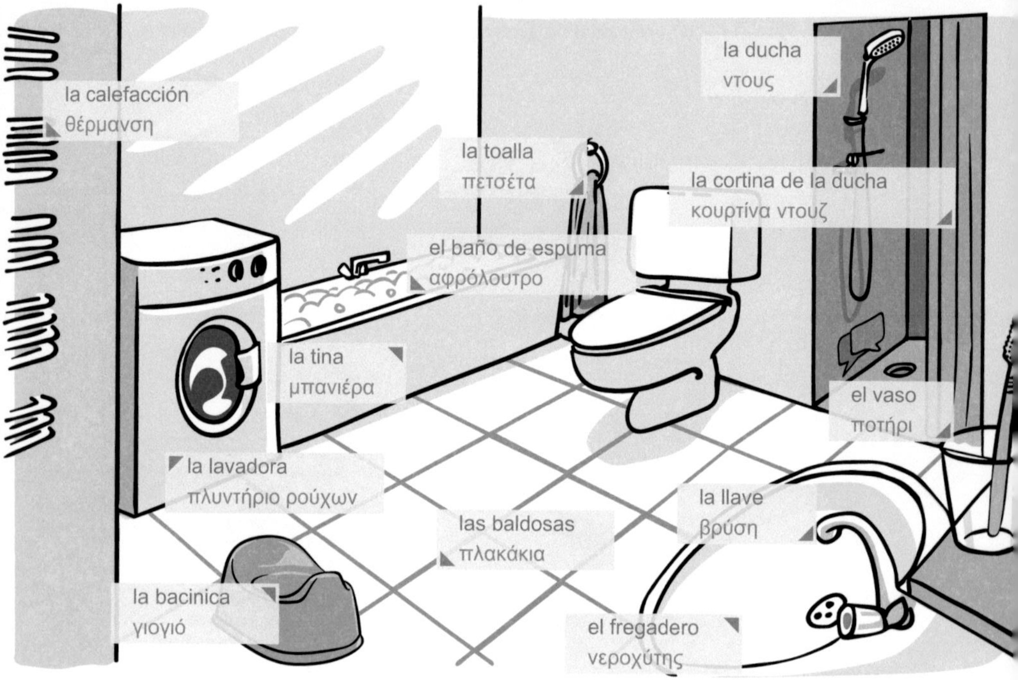

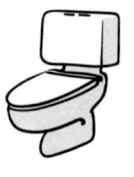

el inodoro

τουαλέτα

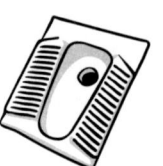

la letrina

τούρκικη τουαλέτα

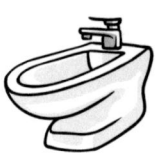

el bidé

μπιντές

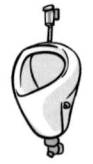

el mingitorio

ουρητήριο

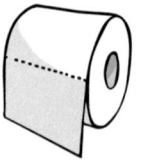

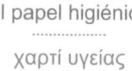

el papel higiénico

χαρτί υγείας

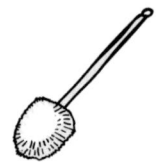

el cepillo para baño

πιγκάλ

el cepillo de dientes

οδοντόβουρτσα

la pasta dental

οδοντόκρεμα

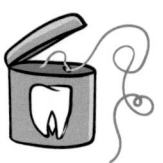

el hilo dental

οδοντικό νήμα

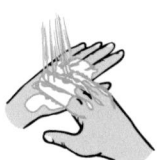

lavar

πλένω

la ducha de mano

τηλέφωνο ντους

la ducha vaginal

ντουσιέρα

el fregadero

λεκάνη

el cepillo de espalda

βούρτσα πλάτης

el jabón

σαπούνι

el gel de ducha

αφρόλουτρο

el champú

σαμπουάν

la toallita

φανέλα

el drenaje

σιφόνι

la crema

κρέμα

el desodorante

αποσμητικό

el baño - μπάνιο

el espejo

καθρέφτης

el espejo de tocador

καθρέφτης χειρός

la máquina para afeitar

ξυραφάκι

la espuma de afeitar

αφρός ξυρίσματος

la loción para después de afeitar

αφτερσέιβ

el peine

χτένα

el cepillo

βούρτσα

la secadora

σεσουάρ

la laca

λακ

el maquillaje

μακιγιάζ

el lápiz labial

κραγιόν

el esmalte para uñas

βερνίκι νυχιών

el algodón

βαμβάκι

las tijeras para uñas

ψαλίδι νυχιών

el perfume

άρωμα

estuche para cosméticos

νεσεσέρ

el taburete

σκαμπό

la báscula

ζυγαριά

la bata

μπουρνούζι

los guantes de goma

ελαστικά γάντια

el tampón

ταμπόν

la toalla sanitaria

πετσέτα υγιεινής

el baño móvil

χημική τουαλέτα

la recámara de los niños

παιδικό δωμάτιο

el despertador
ξυπνητήρι
el peluche
λούτρινο ζωάκι
el carro de juguete
αυτοκινητάκι
la sonaja
κουδουνίστρα
la casa de muñecas
κουκλόσπιτο
el regalo
δώρο

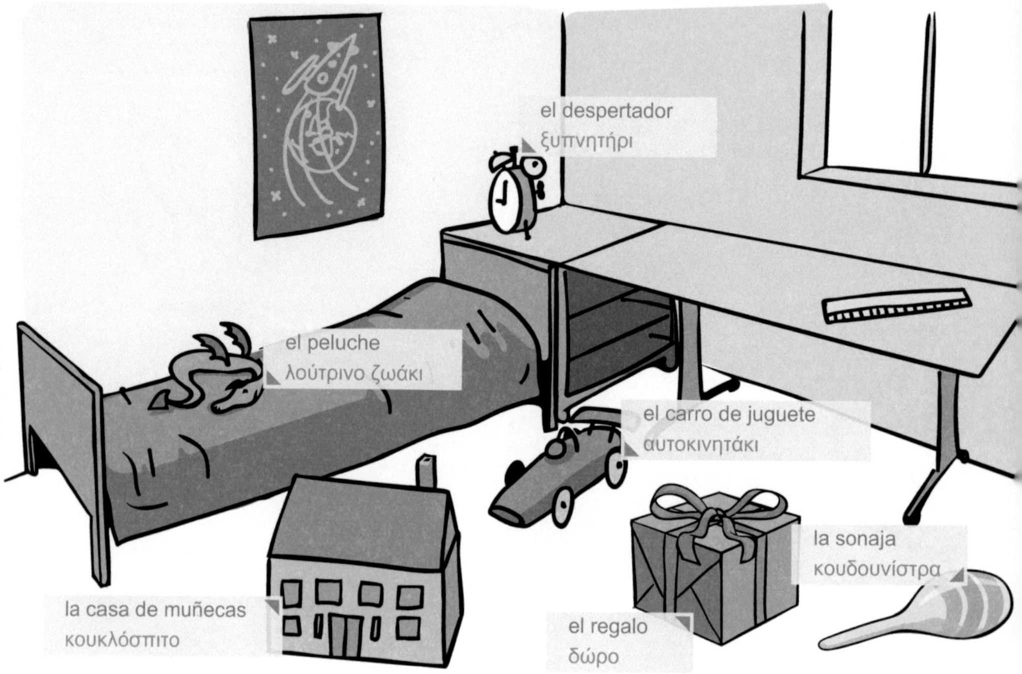

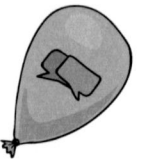

el globo

μπαλόνι

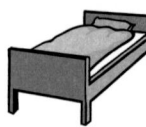

la cama

κρεβάτι

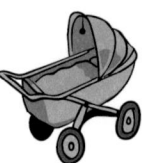

la carriola

καροτσάκι

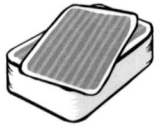

las cartas

τράπουλα

el rompecabezas

παζλ

SUPER MEGA

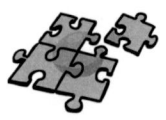

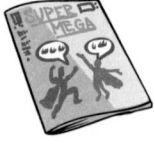

el cómic

κόμικς

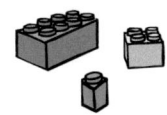

las piezas de lego

τουβλάκια lego

los bloques para jugar

τουβλάκια κατασκευών

la figura de acción

φιγούρα δράσης

el mameluco

βρεφικό φορμάκι

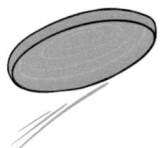

el frisbee

φρίσμπι

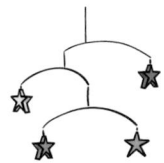

el móvil para bebés

μόμπιλο

el juego de mesa

επιτραπέζιο παιχνίδι

los dados

ζάρια

el tren eléctrico

σετ τρενάκι

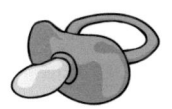

el maniquí

πιπίλα

la fiesta

πάρτι

el álbum de fotos

εικονογραφημένο βιβλίο

el balón

μπάλα

la muñeca

κούκλα

jugar

παίζω

la recámara de los niños - παιδικό δωμάτιο

el arenero

σκάμμα με άμμο

el columpio

κούνια

los juguetes

παιχνίδια

la consola de videojuegos

κονσόλα βιντεοπαιχνιδιών

el triciclo

τρίκυκλο

el oso de peluche

αρκουδάκι

el clóset

ντουλάπα

la ropa

ρούχα

los calcetines

κάλτσες

las pantimedias

καλτσοδέτες

las mallas

καλσόν

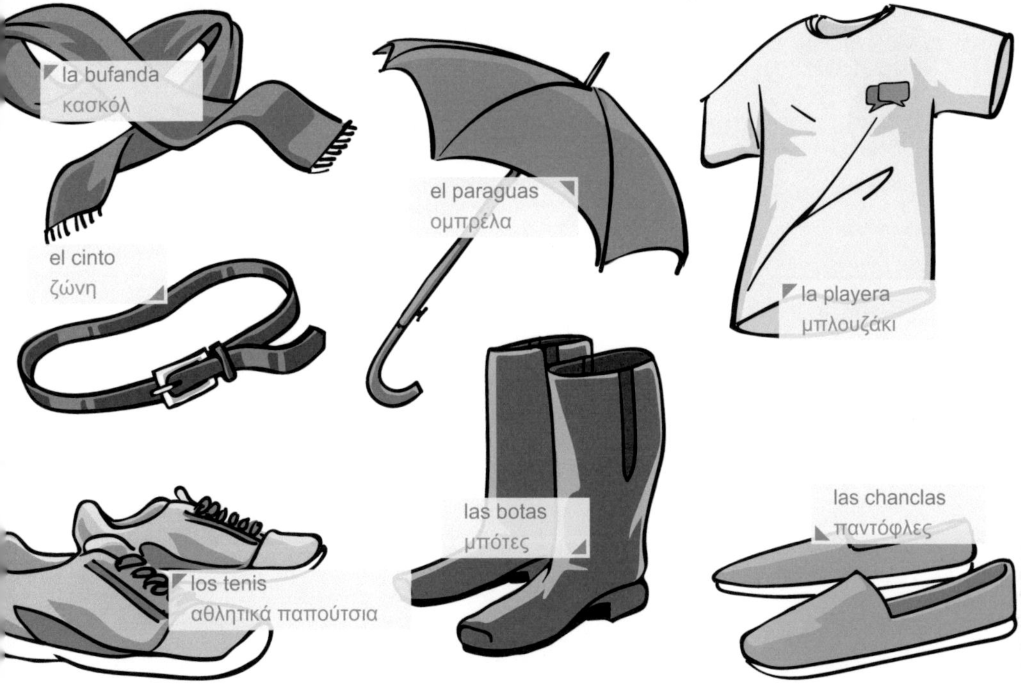

la bufanda
κασκόλ

el paraguas
ομπρέλα

la playera
μπλουζάκι

el cinto
ζώνη

la playera
μπλουζάκι

los tenis
αθλητικά παπούτσια

las botas
μπότες

las chanclas
παντόφλες

las sandalias
σανδάλια

los zapatos
παπούτσια

las botas de goma
γαλότσες

la ropa interior
εσώρουχο

el brasier
σουτιέν

el chaleco
φανέλα

el body

σώμα

los pantalones

παντελόνι

los pantalones de mezclilla

τζιν παντελόνι

la falda

φούστα

la blusa

μπλούζα

la camisa

πουκάμισο

el suéter

πουλόβερ

la sudadera

πουλόβερ

el saco sport

σακάκι

la chamarra

μπουφάν

el abrigo

παλτό

el impermeable

αδιάβροχο πανωφόρι

el traje

κοστούμι

el vestido

φόρεμα

el vestido de novia

νυφικό

la ropa - ρούχα

el traje

κοστούμι

el camisón

νυχτικό

el pijama

πιτζάμες

el sari

σάρι

el pañuelo para la cabeza

μαντήλι

el turbante

τουρμπάνι

la burka

μπούρκα

el caftán

καφτάνι

la abaya

μουσουλμανικό ένδυμα

el traje de baño

ολόσωμο μαγιό

el short de baño

ανδρικό μαγιό

los shorts

σορτς

los pants

αθλητική φόρμα

el delantal

ποδιά

los guantes

γάντια

el botón

κουμπί

las gafas

γυαλιά

el brazalete

βραχιόλι

el collar

περιδέραιο

el anillo

δαχτυλίδι

el arete

σκουλαρίκι

la gorra

καπέλο

el gancho

κρεμάστρα

el sombrero

καπέλο

la corbata

γραβάτα

el cierre

φερμουάρ

el casco

κράνος

los tirantes

τιράντες

el uniforme

μαθητική στολή

el uniforme

στολή

el babero

σαλιάρα

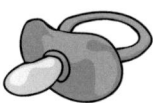

el maniquí

πιπίλα

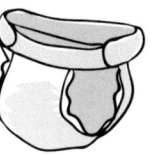

el pañal

πάνα

la oficina
γραφείο

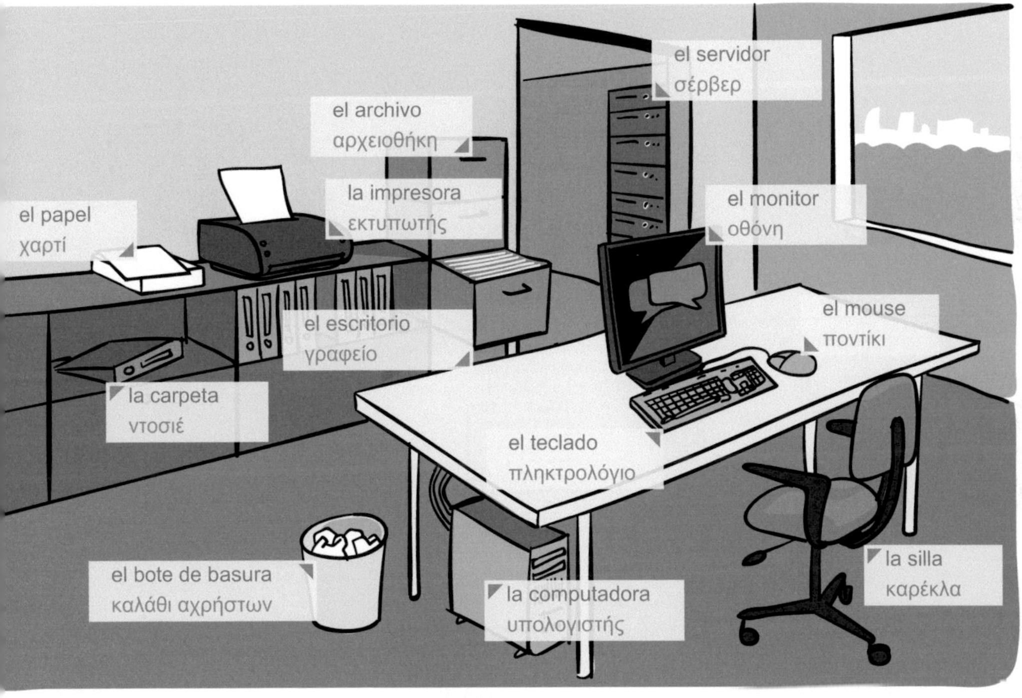

el servidor
σέρβερ

el archivo
αρχειοθήκη

la impresora
εκτυπωτής

el papel
χαρτί

el monitor
οθόνη

el escritorio
γραφείο

el mouse
ποντίκι

la carpeta
ντοσιέ

el teclado
πληκτρολόγιο

el bote de basura
καλάθι αχρήστων

la silla
καρέκλα

la computadora
υπολογιστής

la taza de café

κούπα του καφέ

la calculadora

κομπιουτεράκι

el internet

ίντερνετ

la notebook

λάπτοπ

la carta

γράμμα

el mensaje

μήνυμα

el móvil

κινητό

la red

δίκτυο

la fotocopiadora

φωτοτυπικό μηχάνημα

el software

λογισμικό

el teléfono

τηλέφωνο

el tomacorriente

πρίζα

el fax

συσκευή φαξ

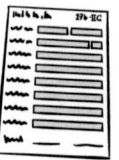

el formulario

έντυπο

el documento

έγγραφο

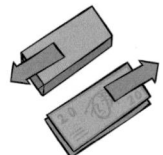

comprar

αγοράζω

pagar

πληρώνω

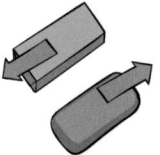

hacer negocios

συναλλάσσομαι

el dinero

χρήματα

USD

el dólar

δολάριο

EUR

el euro

ευρώ

JPY

el yen

γιεν

RUB

el rublo

ρούβλι

CHF

el franco suizo

ελβετικό φράγκο

CNY

el yuan

ρενμίνμπι γιουάν

INR

la rupia

ρουπία

el cajero automático

ATM (αυτόματη ταμειακή μηχανή)

la casa de cambio

ανταλλακτήρια
συναλλάγματος

el oro

χρυσός

la plata

ασήμι

el petróleo

πετρέλαιο

la energía

ενέργεια

el precio

τιμή

el contrato

συμβόλαιο

el impuesto

φόρος

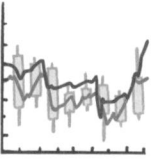

la acción

μετοχή

trabajar

δουλεύω

el empleado

υπάλληλος

el empleador

εργοδότης

la fábrica

εργοστάσιο

la tienda

κατάστημα

las ocupaciones

επαγγέλματα

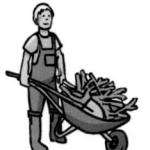

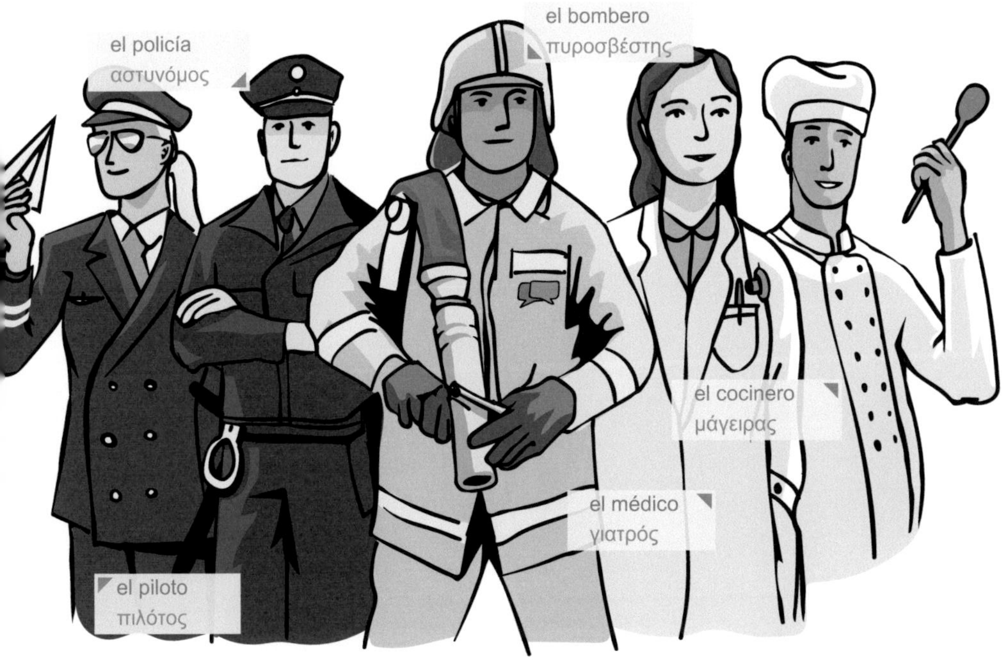

el policía
αστυνόμος
el bombero
πυροσβέστης
el cocinero
μάγειρας
el médico
γιατρός
el piloto
πιλότος

el jardinero

κηπουρός

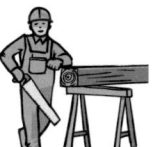

el carpintero

ξυλουργός

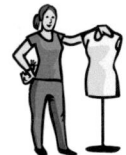

la costurera

μοδίστρα

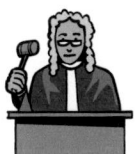

el juez

δικαστής

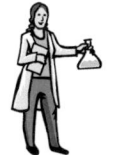

el farmacéutico

χημικός

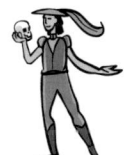

el actor

ηθοποιός

el conductor de autobús

οδηγός λεωφορείου

el taxista

ταξιτζής

el pescador

ψαράς

la señora de la limpieza

καθαρίστρια

el instalador de techos

τεχνίτης στεγών

el camarero

σερβιτόρος

el cazador

κυνηγός

el pintor

ζωγράφος

el panadero

αρτοποιός

el electricista

ηλεκτρολόγος

el obrero

οικοδόμος

el ingeniero

μηχανολόγος

el carnicero

κρεοπώλης

el plomero

υδραυλικός

el cartero

ταχυδρόμος

las ocupaciones - επαγγέλματα

el soldado
στρατιώτης

el arquitecto
αρχιτέκτονας

el cajero
ταμίας

el florista
ανθοπώλης

el peluquero
κομμωτής

el cobrador
ελεγκτής εισιτηρίων

el mecánico
μηχανικός

el capitán
καπετάνιος

el dentista
οδοντίατρος

el científico
επιστήμονας

el rabino
ραβίνος

el imán
ιμάμης

el monje
μοναχός

el sacerdote
ιερέας

las ocupaciones - επαγγέλματα

55

las herramientas

εργαλεία

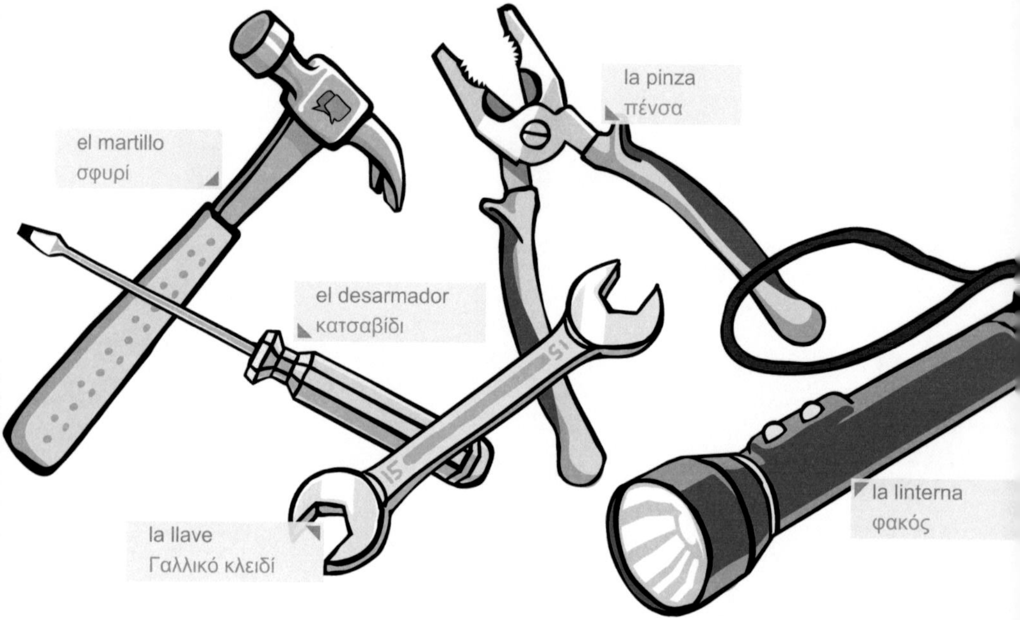

la pinza
πένσα
el martillo
σφυρί
el desarmador
κατσαβίδι
la llave
Γαλλικό κλειδί
la linterna
φακός

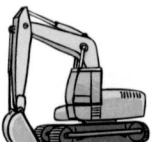

la excavadora

εκσκαφέας

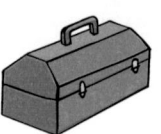

la caja de herramientas

εργαλειοθήκη

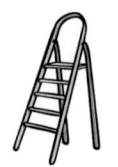

la escalera de mano

σκάλα

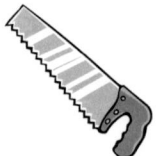

la sierra

πριόνι

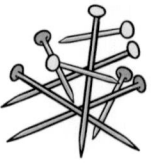

los clavos

καρφιά

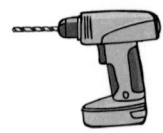

el taladro

τρυπάνι

reparar

επισκευάζω

la pala

φτυάρι

¡Maldición!

Να πάρει!

el recogedor

φαράσι

el bote de pintura

δοχείο χρωμάτων

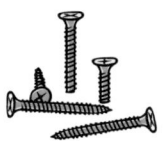

los tornillos

βίδες

los instrumentos musicales
μουσικά όργανα

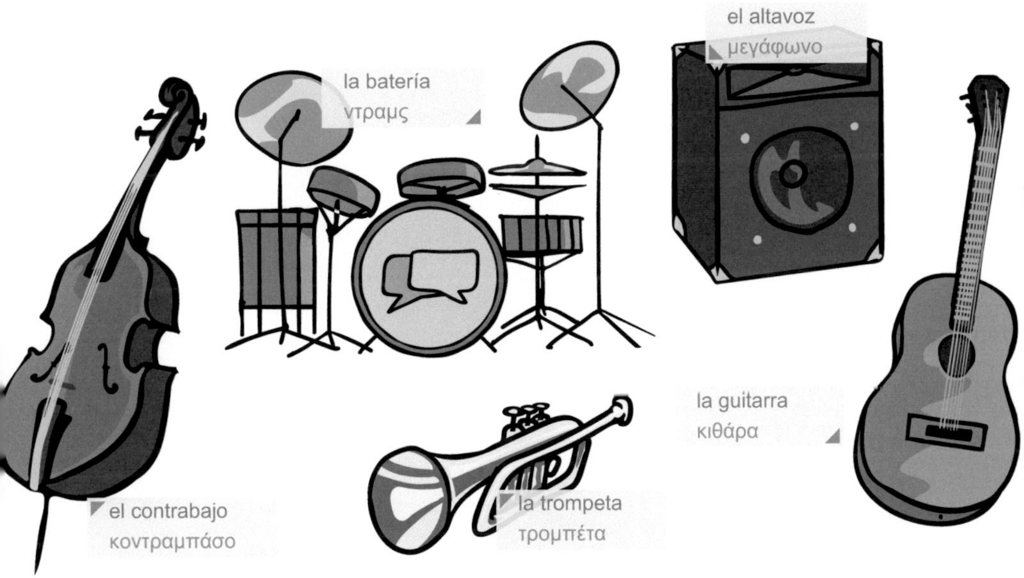

el altavoz
μεγάφωνο

la batería
ντραμς

la guitarra
κιθάρα

el contrabajo
κοντραμπάσο

la trompeta
τρομπέτα

el piano

πιάνο

el violín

βιολί

el bajo

μπάσο

los timbales

τύμπανα

el tambor

τύμπανο

el teclado

πλήκτρα

el saxofón

σαξόφωνο

la flauta

φλάουτο

el micrófono

μικρόφωνο

el zoológico

ζωολογικός κήπος

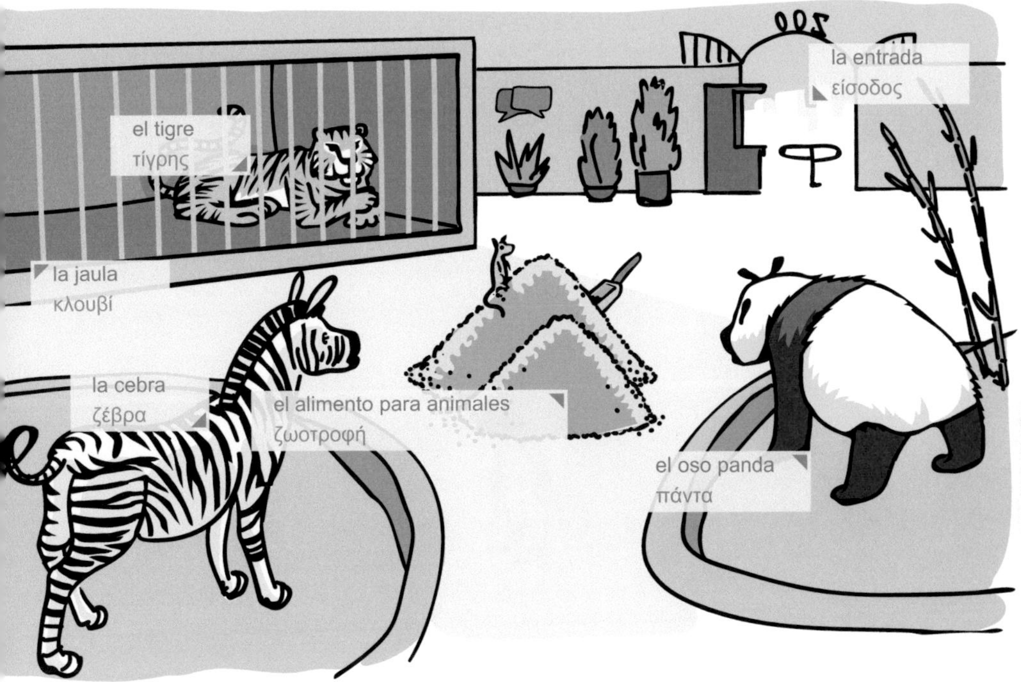

la entrada
είσοδος
el tigre
τίγρης
la jaula
κλουβί
la cebra
ζέβρα
el alimento para animales
ζωοτροφή
el oso panda
πάντα

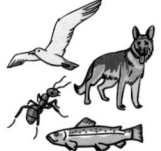

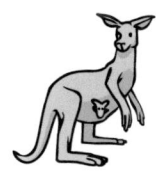

los animales

ζώα

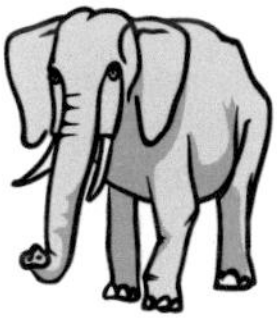

el elefante

ελέφαντας

el canguro

καγκουρό

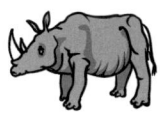

el rinoceronte

ρινόκερος

el gorila

γορίλας

el oso

αρκούδα

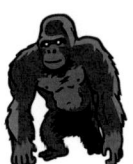

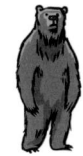

el camello

καμήλα

el avestruz

στρουθοκάμηλος

el león

λιοντάρι

el mono

πίθηκος

el flamenco

φλαμίνγκο

el loro

παπαγάλος

el oso polar

πολική αρκούδα

el pingüino

πιγκουίνος

el tiburón

καρχαρίας

el pavo real

παγώνι

la serpiente

φίδι

el cocodrilo

κροκόδειλος

el guardián de zoológico

φύλακας ζωολογικού κήπου

la foca

φώκια

el jaguar

τζάγκουαρ

el poni

πόνυ

el leopardo

λεοπάρδαλη

el hipopótamo

ιπποπόταμος

la jirafa

καμηλοπάρδαλη

el águila

αετός

el jabalí

αγριογούρουνο

el pescado

ψάρι

la tortuga

χελώνα

la morsa

θαλάσσιος ίππος

el zorro

αλεπού

la gacela

γαζέλα

el fútbol americano
Αμερικάνικο ποδόσφαιρο

el ciclismo
ποδηλασία

el tenis
αντισφαίριση

el baloncesto
μπάσκετ

la natación
κολύμβηση

el boxeo
πυγχαμία

el hockey sobre hielo
χόκεϋ επί πάγου

el fútbol
ποδόσφαιρο

el bádminton
μπάντμιντον

el atletismo
στίβος

el handball
χάντμπολ

el esquí
σκι

el polo
πόλο

las actividades
δραστηριότητες

reír
γελάω
saltar
πηδάω
abrazar
αγκαλιάζω
caminar
περπατάω
cantar
τραγουδάω
soñar
ονειρεύομαι
rezar
προσεύχομαι
besar
φιλάω

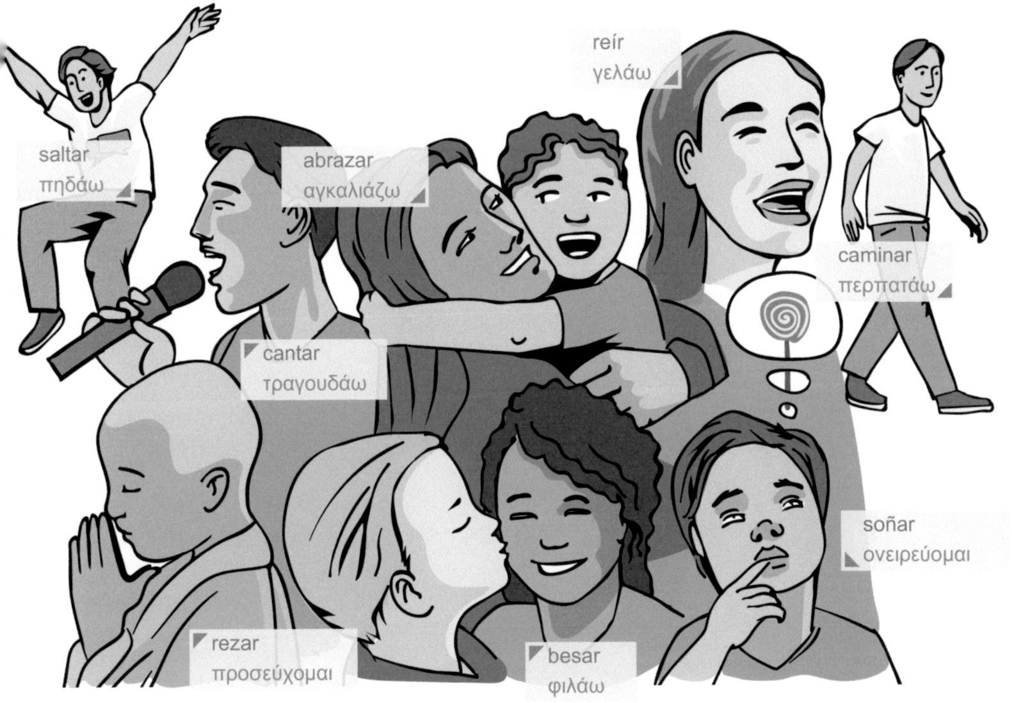

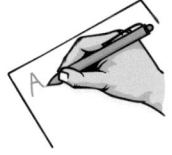

escribir

γράφω

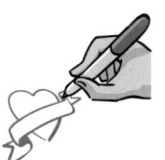

dibujar

σχεδιάζω

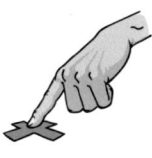

mostrar

δείχνω

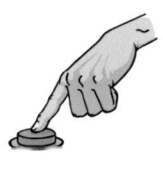

empujar

πιέζω

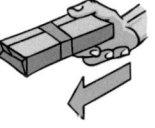

dar

δίνω

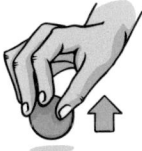

tomar

παίρνω

tener

έχω

hacer

κάνω

ser

είμαι

estar parado

στέκομαι

correr

τρέχω

jalar

τραβάω

arrojar

ρίχνω

caer

πέφτω

estar acostado

ξαπλώνω

esperar

περιμένω

llevar

κουβαλώ

estar sentado

κάθομαι

vestirse

φοράω

dormir

κοιμάμαι

despertar

ξυπνάω

mirar

κοιτάω

llorar

κλαίω

acariciar

χαϊδεύω

peinar

χτενίζω

hablar

μιλάω

entender

καταλαβαίνω

preguntar

ρωτάω

escuchar

ακούω

beber

πίνω

comer

τρώω

ordenar

συγυρίζω

amar

αγαπάω

cocinar

μαγειρεύω

conducir

οδηγώ

volar

πετάω

las actividades - δραστηριότητες

navegar

κάνω ιστιοπλοΐα

calcular

υπολογίζω

leer

διαβάζω

aprender

μαθαίνω

trabajar

δουλεύω

casarse

παντρεύομαι

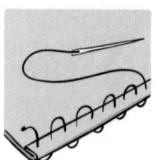

coser

ράβω

cepillarse los dientes

βουρτσίζω τα δόντια

matar

σκοτώνω

fumar

καπνίζω

enviar

στέλνω

la abuela
γιαγιά

el abuelo
παππούς

el padre
πατέρας

la madre
μητέρα

el bebé
μωρό

la hija
κόρη

el hijo
γιος

el invitado

καλεσμένος

la tía

θεία

el tío

θείος

el hermano

αδελφός

la hermana

αδελφή

el cuerpo

σώμα

la frente
μέτωπο
el ojo
μάτι
el hombro
ώμος
el dedo
δάχτυλο
la cara
πρόσωπο
la barbilla
πιγούνι
la mano
χέρι
la pierna
πόδι
el pecho
στήθος
el brazo
βραχίονας

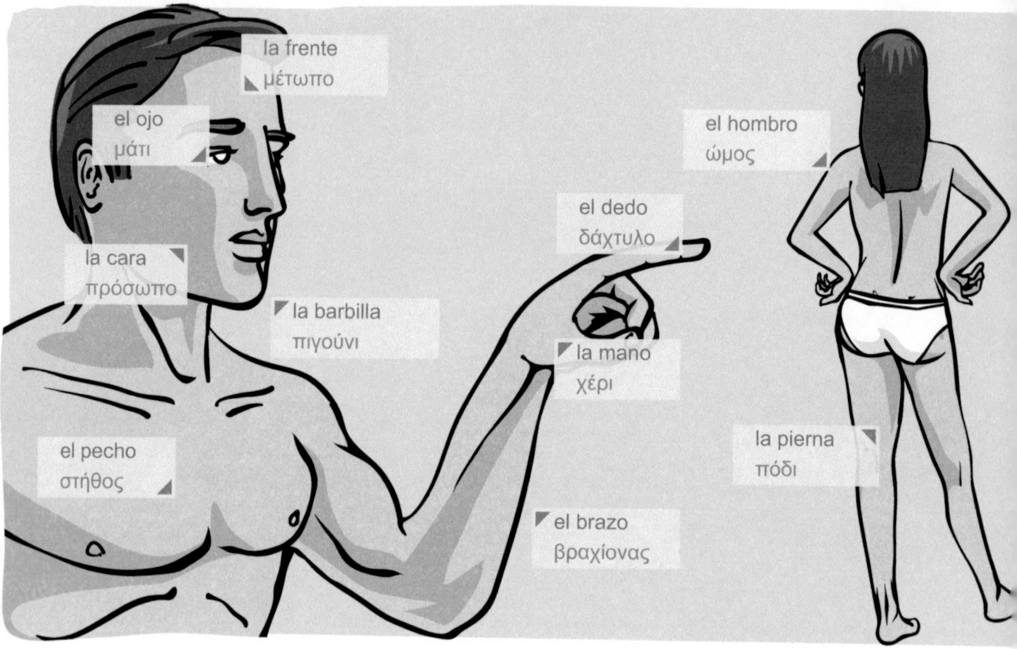

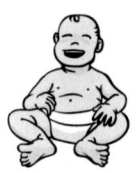

el bebé

μωρό

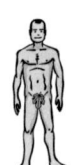

el hombre

άνδρας

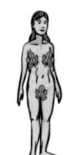

la mujer

γυναίκα

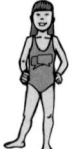

la niña

κορίτσι

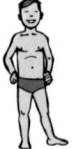

el niño

αγόρι

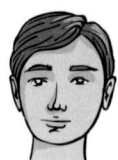

la cabeza

κεφάλι

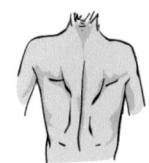

la espalda

πλάτη

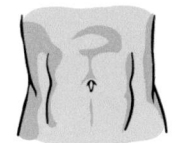

la barriga

κοιλιά

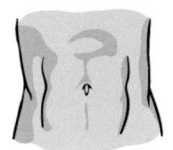

el ombligo

αφαλός

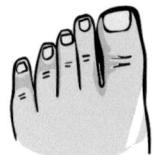

el dedo del pie

δάχτυλο ποδιού

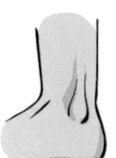

el talón

φτέρνα

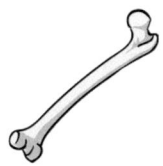

el hueso

κόκκαλο

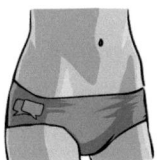

la cadera

γοφός

la rodilla

γόνατο

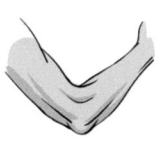

el codo

αγκώνας

la nariz

μύτη

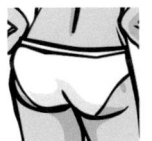

las pompis

γλουτός

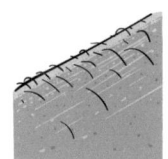

la piel

δέρμα

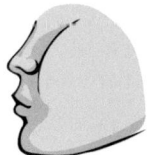

la mejilla

μάγουλο

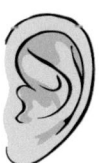

el oído

αυτί

el labio

χείλος

la boca

στόμα

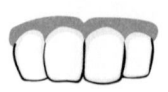

el diente

δόντι

la lengua

γλώσσα

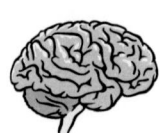

el cerebro

εγκέφαλος

el corazón

καρδιά

el músculo

μυς

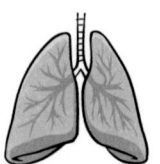

el pulmón

πνεύμονας

el hígado

συκώτι

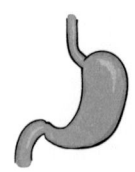

el estómago

στομάχι

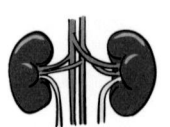

los riñones

νεφρά

el sexo

σεξουαλική επαφή

el condón

προφυλακτικό

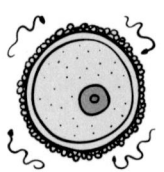

el óvulo

ωάριο

el semen

σπέρμα

el embarazo

εγκυμοσύνη

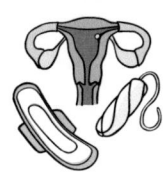

la menstruación

περίοδος

la vagina

γυναικείος κόλπος

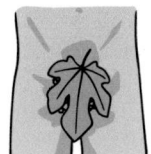

el pene

πέος

la ceja

φρύδι

el cabello

μαλλιά

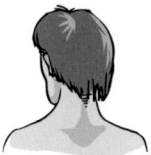

el cuello

λαιμός

el hospital
νοσοκομείο

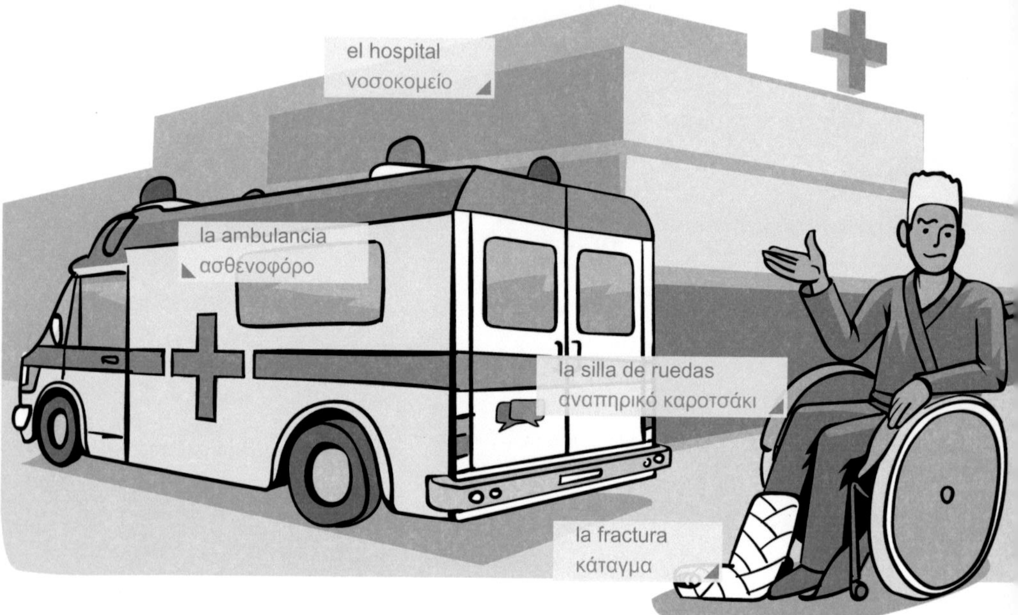

el hospital
νοσοκομείο
la ambulancia
ασθενοφόρο
la silla de ruedas
αναπηρικό καροτσάκι
la fractura
κάταγμα

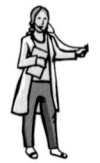

el médico

γιατρός

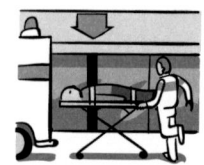

la sala de emergencias

μονάδα εντατικής θεραπείας

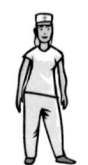

la enfermera

νοσοκόμα

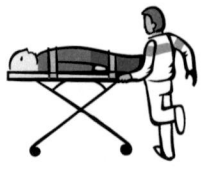

la emergencia

έκτακτη ανάγκη

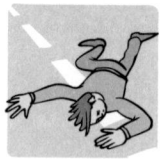

inconsciente

λιπόθυμος

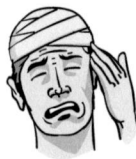

el dolor

πόνος

la lesión

τραύμα

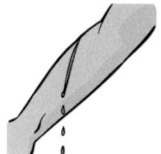

la hemorragia

αιμορραγία

el infarto

έμφραγμα

el accidente
cerebrovascular

εγκεφαλικό

la alergia

αλλεργία

la tos

βήχας

la fiebre

πυρετός

la gripa

γρίπη

la diarrea

διάρροια

el dolor de cabeza

πονοκέφαλος

el cáncer

καρκίνος

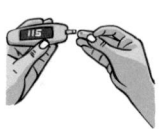

la diabetes

διαβήτης

el cirujano

χειρουργός

el bisturí

νυστέρι

la operaciòn

εγχείρηση

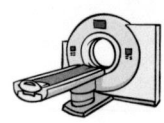

TC
αξονική τομογραφία

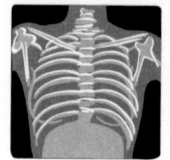

los rayos x
ακτινογραφία

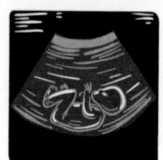

el ultrasonido
υπέρηχος

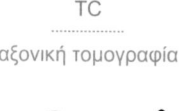

la mascarilla
μάσκα

la enfermedad
ασθένεια

la sala de espera
αίθουσα αναμονής

la muleta
πατερίτσα

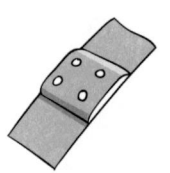

la vendita
χάνσαπλαστ

el vendaje
επίδεσμος

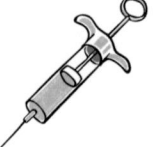

la inyección
ένεση

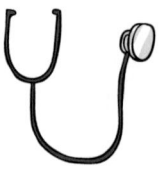

el estetoscopio
στηθοσκόπιο

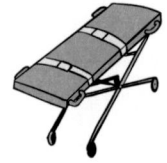

la camilla
φορείο

el termómetro
θερμόμετρο

el nacimiento
γέννηση

el sobrepeso
υπέρβαρο

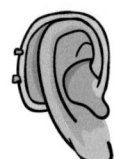

el audífono

ακουστικό βαρηκοΐας

el desinfectante

αντισηπτικό

la infección

λοίμωξη

el virus

ιός

VIH / SIDA

HIV/AIDS

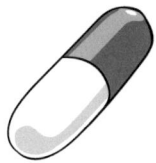

la medicina

φάρμακο

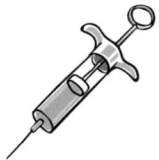

la vacunación

εμβολιασμός

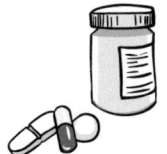

las tabletas

δισκία

la pastilla anticonceptiva

χάπι

a llamada de emergencia

κλήση έκτακτης ανάγκης

el medidor de presión

πιεσόμετρο αίματος

enfermo / sano

άρρωστος / υγιής

¡Socorro!

Βοήθεια!

la alarma

συναγερμός

la agresión

βιαιοπραγία

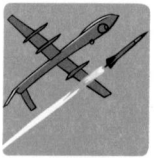

el ataque

επίθεση

el peligro

κίνδυνος

la salida de emergencia

έξοδος κινδύνου

¡Fuego!

Φωτιά!

el extintor de incendios

πυροσβεστήρας

el accidente

ατύχημα

el botiquín de primeros auxilios

κουτί πρώτων βοηθειών

SOS

SOS

la policía

αστυνομία

Europa

Ευρώπη

Norteamérica

Βόρεια Αμερική

Sudamérica

Νότια Αμερική

África

Αφρική

Asia

Ασία

Australia

Αυστραλία

el Atlántico

Ατλαντικός Ωκεανός

el Pacífico

Ειρηνικός Ωκεανός

el Océano Índico

Ινδικός Ωκεανός

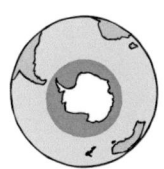

el Océano Antártico

Ανταρκτικός Ωκεανός

el Océano Ártico

Αρκτικός Ωκεανός

el polo norte

Βόρειος Πόλος

el polo sur

Νότιος Πόλος

la Antártida

Ανταρκτική

la tierra

Γη

la tierra

γη

el mar

θάλασσα

la isla

νησί

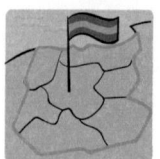

la nación

έθνος

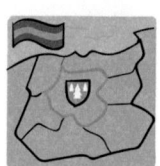

el estado

πολιτεία

la esfera

καντράν ρολογιού

la manecilla de las horas

ωροδείκτης

el minutero

λεπτοδείκτης

el segundero

δείκτης δευτερολέπτων

¿Qué hora es?

Τι ώρα είναι;

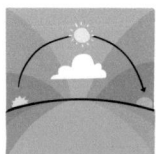

el día

ημέρα

la hora

χρόνος

ahora

τώρα

el reloj digital

ψηφιακό ρολόι

el minuto

λεπτό

la hora

ώρα

la semana

εβδομάδα

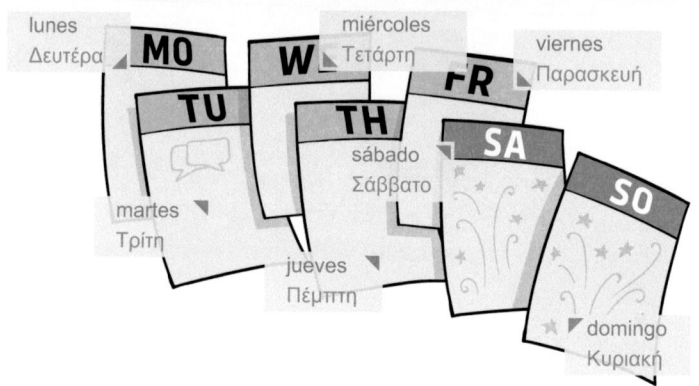

lunes
Δευτέρα

miércoles
Τετάρτη

viernes
Παρασκευή

martes
Τρίτη

jueves
Πέμπτη

sábado
Σάββατο

domingo
Κυριακή

ayer

χθες

hoy

σήμερα

mañana

αύριο

la mañana

πρωί

el mediodía

μεσημέρι

la tarde

βράδυ

MO	TU	WE	TH	FR	SA	SU
1	2	3	4	5	6	7
8	9	10	11	12	13	14
15	16	17	18	19	20	21
22	23	24	25	26	27	28
29	30	31	1	2	3	4

los días laborables

εργάσιμες ημέρες

MO	TU	WE	TH	FR	SA	SU
1	2	3	4	5	6	7
8	9	10	11	12	13	14
15	16	17	18	19	20	21
22	23	24	25	26	27	28
29	30	31	1	2	3	4

el fin de semana

Σαββατοκύριακο

la lluvia
βροχή

el arco iris
ουράνιο τόξο

la nieve
χιόνι

el viento
άνεμος

la primavera
άνοιξη

el otoño
φθινόπωρο

el verano
καλοκαίρι

el invierno
χειμώνας

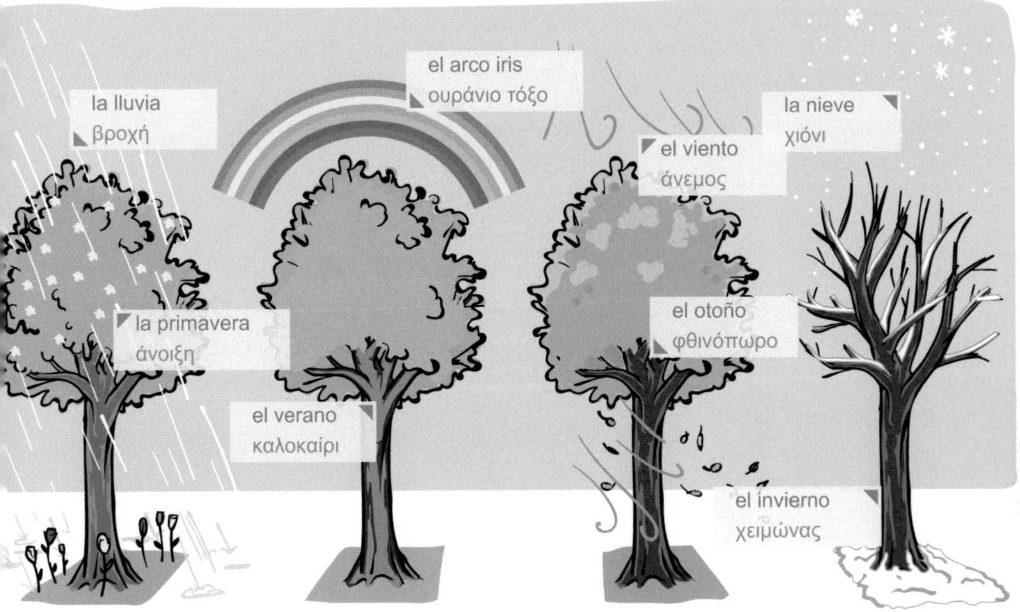

el pronóstico del tiempo
πρόγνωση καιρού

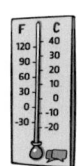

el termómetro
θερμόμετρο

el sol
λιακάδα

la nube
σύννεφο

la niebla
ομίχλη

la humedad
υγρασία

el rayo

αστραπή

el trueno

κεραυνός

la tormenta

καταιγίδα

el granizo

χαλάζι

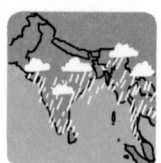

el monzón

μουσώνας

la inundación

πλημμύρα

el hielo

πάγος

enero

Ιανουάριος

febrero

Φεβρουάριος

marzo

Μάρτιος

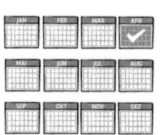

abril

Απρίλιος

mayo

Μάιος

junio

Ιούνιος

julio

Ιούλιος

agosto

Αύγουστος

el año - έτος

septiembre

Σεπτέμβριος

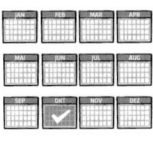

octubre

Οκτώβριος

noviembre

Νοέμβριος

diciembre

Δεκέμβριος

las formas
σχήματα

el círculo

κύκλος

el cuadrado

τετράγωνο

el rectángulo

ορθογώνιο
παραλληλόγραμμο

el triángulo

τρίγωνο

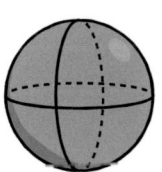

la esfera

σφαίρα

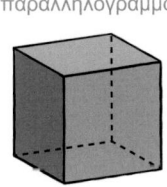

el cubo

κύβος

blanco

άσπρο

amarillo

κίτρινο

naranja

πορτοκαλί

rosa

ροζ

rojo

κόκκινο

morado

μωβ

azul

μπλε

verde

πράσινο

marrón

καφέ

gris

γκρι

negro

μαύρο

mucho / poco

πολύ / λίγο

enojado / tranquilo

θυμωμένος / ήρεμος

bonito / feo

όμορφος / άσχημος

principio / fin

αρχή / τέλος

grande / pequeño

μεγάλος / μικρός

claro / oscuro

φωτεινός / σκοτεινός

el hermano / la hermana

αδελφός / αδελφή

limpio / sucio

καθαρός / λερωμένος

completo / incompleto

πλήρης / ατελής

el día / la noche

ημέρα / νύχτα

muerto / vivo

νεκρός / ζωντανός

ancho / angosto

φαρδύς / στενός

comestible / no comestible

βρώσιμος / μη βρώσιμος

malo / amable

κακός / ευγενικός

entusiasmado / aburrido

ενθουσιασμένος /
βαριεστημένος

gordo / delgado

παχύς / λεπτός

primero / último

πρώτος / τελευταίος

el amigo / el enemigo

φίλος / εχθρός

lleno / vacío

γεμάτος / άδειος

duro / blando

σκληρός / μαλακός

pesado / ligero

βαρύς / ελαφρύς

el hambre / la sed

πείνα / δίψα

enfermo / sano

άρρωστος / υγιής

ilegal / legal

παράνομος / νόμιμος

inteligente / tonto

έξυπνος / χαζός

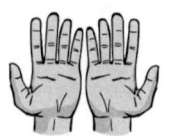

izquierda / derecha

αριστερός / δεξιός

cerca / lejos

κοντινός / μακρινός

nuevo / usado

καινούριος / μεταχειρισμένος

nada / algo

τίποτα / κάτι

viejo / joven

γέρος | νέος

encendido / apagado

αναμμένος / σβηστός

abierto / cerrado

ανοιχτός / κλειστός

silencioso / ruidoso

χαμηλόφωνος / μεγαλόφωνος

rico / pobre

πλούσιος / φτωχός

correcto / incorrecto

σωστός / λανθασμένος

áspero / suave

τραχύς / λείος

triste / contento

λυπημένος / χαρούμενος

corto / largo

κοντός / μακρύς

lento / rápido

αργός / γρήγορος

húmedo / seco

υγρός / στεγνός

caliente / frío

ζεστός / δροσερός

guerra / paz

πόλεμος / ειρήνη

0

cero

μηδέν

1

uno

ένα

2

dos

δύο

3

tres

τρία

4

cuatro

τέσσερα

5

cinco

πέντε

6

seis

έξι

7

siete

εφτά

8

ocho

οκτώ

9

nueve

εννιά

10

diez

δέκα

11

once

έντεκα

12	**13**	**14**
doce	trece	catorce
δώδεκα	δεκατρία	δεκατέσσερα

15	**16**	**17**
quince	dieciséis	diecisiete
δεκαπέντε	δεκαέξι	δεκαεφτά

18	**19**	**20**
dieciocho	diecinueve	veinte
δεκαοκτώ	δεκαεννέα	είκοσι

100	**1.000**	**1.000.000**
cien	mil	el millón
εκατό	χίλια	εκατομμύριο

el inglés

Αγγλικά

el inglés americano

Αμερικάνικα Αγγλικά

el chino mandarín

Μανδαρίνικα Κινέζικα

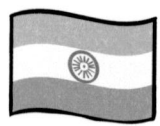

el hindi

Χίντι

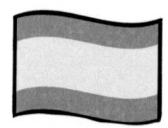

el español

Ισπανικά

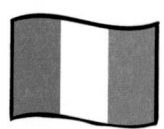

el francés

Γαλλικά

el árabe

Αραβικά

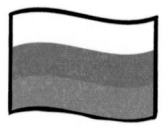

el ruso

Ρώσικα

el portugués

Πορτογαλικά

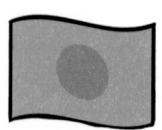

el bengalí

Μπενγκάλι

el alemán

Γερμανικά

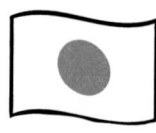

el japonés

Ιαπωνικά

yo

εγώ

tú

εσύ

él / ella

αυτός / αυτή / αυτό

nosotros

εμείς

vosotros

εσείς

ellos

αυτοί / αυτές / αυτά

¿quién?

ποιος / ποια / ποιο;

¿qué?

τι;

¿cómo?

πώς;

¿dónde?

πού;

¿cuándo?

πότε;

el nombre

όνομα

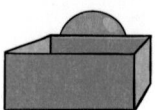

detrás

πίσω

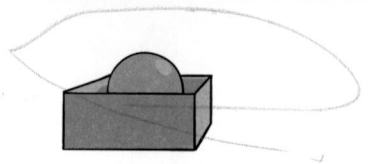

en

μέσα

delante de

μπροστά

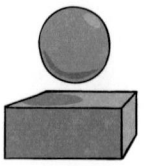

por encima de

πάνω από

sobre

πάνω

debajo de

κάτω

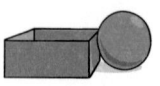

junto a

δίπλα

entre

ανάμεσα

el lugar

μέρος